RAHATGAD QILA-EK KHAUFNAAK DASTAN

ZEESHAN

XpressPublishing

An imprint of Notion Press

No.8, 3rd Cross Street,CIT Colony,
Mylapore, Chennai, Tamil Nadu-600004

ISBN 978-1-64951-446-2

Contents

CHAPTER ONE

Rahatgad Qila- Ek Khaufnaak Dastan

Ek Adventure

Bhoot Preton Ke Bare Me Hum Aksar Kahaniyon Me Sunte Hai Ya To Movies Me Dekhte Hai. Kaafi Sare Log Bhoot Pret Ki Baat Ko Ya To Mazak Me Udaate Hain, Ya Har Baat Ko Science Aur Technology Se Jod Kar Khaarij Kar Dete The. Thik Aise Hi Akash Bhi In Bhut Pret Ki Kahaniyon Ko Dhong Samajhta Tha. Takreeban 19 Saal Ka Akash U.P Ke Sagar Ka Rehne Waala Tha Wo Ek Bright Student Tha Iss Umar Ke Ladke To Wo Bhi Theek Se Nhi Mante Jo Unke Aankhon Ke Saamne Hota Hai. Phir Ye Ghatna To Uske Samajh Se Pareh Thi.

peshe Se Highcourt Ke Senior Advocate Akash Ke Papa Mr. Khurrana Ne Uske Khushi Aur Parvarish Me Kabhi Koi Kami Nhi Chodi Thi.

Akash Aksar Apne Doston Ke Saath Sagar Se Kuch 10 Km Door Bane Farm House me Swimming Pool Ke Maze Lene Jaata Tha. Uski Masti Bhari Life Me Sab Kuch Top Class Ka Chal Raha Tha Aur London Se Graduation Ke Liye Uska Collage Bhi Jaldi Shuru Hone Waala Tha. London Jaane Se Pehle Wo Apna Zyaada Waqt Apne Doston Aur Family Ke Saath Bitana Chahta Tha. Isliye Usne Uske Chaar Khas Doston Ko Farm House Pe Bulaliya Aur Kahin Adventure Ke Liye Jaane Ki Planning Karne Lage Unhone Sochna Shuru Hi Kiya Tha Ki "Aakhir Ghumne Jaayen Bhi To Kahan Jayen," Ghar Ke Naukar Swamy Ne Akash Ko Ek Jagah Ke Baare Me Bataya, Swamy Ne Kaha "Bhaiya Farm House Ke 20 Km Door Ek QILA Hai Rahatgad Ka Jiske Paas Ek Mast

Waterfall Hai, Ek Number Hai Paani Hi Paani Bahut Maza Aayega Aur Door Se Qila Bhi Dekhlena, Par Bhaiya Andar Mat Jaana Badi Khatarnak Jagah Hai Log Darte Hai Wahan Jaane Se" Akash Ne Kaha "Kyun Darte Hai" Swamy Ne Kaha "Bhaiya Dekhiye Sabki Apni Apni Manyata Hai Log Kehte Hai Wahan Bhut preton Ka Waas Hai Isse Zyaada Hum Nhi Bata Paayenge Bas Aap Log Qile Se Dur Rahiyega". Thodi Der Baad Akash Aur Uske Dost Form House Ghumne Ke Liye Nikal Pade.

Kuch Hi Der Ke Drive Ke Baad Wo Log Waterfall Pahunch Gaye, Sab Ne Waterfall Me Jamkar Masti Ki Aur Phir Shaam Hote Hi Akash Aur Uske Dost Ghar Ke Liye Nikal Pade. Drive Karte Hue Akash Ki Nazar Rahatghad Ke Qile Par Padi Akash Ne Kaha "Yahi Wo Qila Hai Jiske Baare Me Swamy Bata Raha Tha Ki Isme Bhut Pret Rehte Hai", Ek Dost Ne Kaha, "Haan Lag To Raha Hai" Akash Ne Kaha "Chale Kya Abhi To 6 Hi Baje Hai Dost Ne Kaha "Yaar Please Mujhe Aisi Bhut-Woot Wali Jagah Nhi Jaana", Use Darta Dekh Akash Ko Maza Aa Raha Tha, Aur Usne Apne Doston Ko Darane Ke Liye Usne Car Ko Qile Ke Taraf Mod Diya. Akash Ke Dost Peeche Baithe Dar Dar Ke Use Rokte Rahe Par Akash Ne Apni Car Tab Tak Nhi Roki Jab Tak Qile Ke Saamne Nhi Aate. Akash Ne Kaha "Are Itna Kyun Dar Rhe Ho Yaar, Swamy Paanchvi Fail Hai Uski Baaton Me Mat Aao, Are Camera Nikalo Thodi Photo-Woto Click Karte Hain" Akash Ke Itna Kehte Hi Darte Darte Saare Saare Friends Car Se Utar Gaye, Aur Thodi Der Me Saare dost Photos Click Karne Lage Koi Qile Ke Chattaan Par

Photo Khichwa Raha, To Koi Zameen Par Pade Puraane Saman Ko Haath Me Uthakar. Akash Aur Uske Doston Ne Kafi Der Tak Us Qile Par Photography Ki Phir Wapas Ghar Ki Taraf Nikal Pade.

Ghar Pahunchte Hi Akash Ko Din Bhar Ki Thakan Lagne Lagi Aur Wo Ghar Me Bina Kisi Se Mile Hi Seedha Apne Room Me Chala Gaya. Akash Ne Jaise Hi Apne Kamre Ka Darwaza Khola, Usko Apne Kamre Kuch Aisa Dikhai Diya, Zor Se Cheekhte Hue Zameen Par Behosh Gir Gaya. Girte Hue Akash Ke Muh Se Safed Jhaak Nikalne Lagi. Aur Wo Behoshi Ki Halat Me Bhi Ajeeb Awaz Me Kuch Badbada Rha Tha "Mere Kamre Se Chale Jao, Mere Kamre Se Chale Jao. Ye Dekhkar Uske Mummy Papa Ne Ambulance Ko Call Kiya.

Achanak Akash Ki Aisi Halat Ki Wajah Kya Thi, Wo Achanak Is Tarah Se Kyun Behosh Ho Gaya Ye Kisi Ko Samajh Me Nhi Aaya. Akash Ne Apne Room Me Aisa Kya Dekhliya Aur, "Mere Kamre Se Chale Jaao", Wo Behoshi Ki Halat Me Ye Kyum Badbada Raha Tha. In Saare Sawalon Ke Jawaab Jaanne Ke Liye Padhiye Rahatghad Qile Ka Agla Episode.

Swamy Ka Darr

Doston Jaise Humne Suna Kaise Akash Rahatghad Ke Qile Se Lauta, To Usne Apne Kamre Me Aisi Darawani Cheez Ko Dekhliya Ki Wo Cheekhte Hue Zameen Par Gir Kar Behosh Hogaya. Akash Ko Uske Mummy Papa Turant Hospital Le Gaye.

Hospital Pahunchte Hi Doctors Ne Akash Par Saare Zaruri Medical Tests Karne Shuru Kardiye. Akash Abhi Bhi Behosh Tha Aur Lagatar Badbadaye Jaa Raha Tha, Mere Kamre Se Chale Jao, Mere Kamre Se Chale Jao. Kuch Ghanton Baad Akash Ke Medical Reports Aayi, Tab Pata Chala Ki Akash Ke Andar Kisi Bhi Badi Bimari Ka Koi Bhi Symptom Nhi Tha, Reports Bilkul Normal Thi. Reports Aate Hi Doctors Ne Akash Ko Neend Ki Dawa Dekar Discharge Kardiya Par Ghar Aane Ke Baad Bhi Agle Din Akash Ke Mummy Papa Ko Akash Ki Tabiyat Kuch Thik Nhi Lag Rahi Thi. Wo Jab Bhi Akash Ko Baat Karne Ki Koshish Karte Akash Bilkul Shaant Rehta, Koi Jawab Na Deta.

Do Din Guzar Chuke The Aur Akash Ke Ankhon Ke Chaaro Taraf Ka Rang Kaala Padta Jaa Raha Tha. Aur Wo Sara Din Bistar Par Aankh Band Karke Leta Rehta Tha. Aur Phir Ek Din Achanak Bistar Par Lait Te Hi Akash Ke Chehre Se Aur Pure Sharir Se Pasena Chhutne Laga, Akash Kamzori Ki Halat Me Utha Aur Jakar Thande Paani Se Nahane Laga.

Jaise-Jaise Akash Apne Upar Paani Dalta Jaa Raha Tha, Uske Andar Ek Ajeeb Sa Chidchidapan Aata Ja Raha Tha. Aur Wo Zor-Zor Se Chillane Laga Ki "Mere Kamre Se Chale Jao, Mere Kamre Se Chale Jao". Nahate Hue Alash Ne Gusse Me Bathroom Ka Saamaan Todna Shuru Kardiya.

Akash Ke Cheekhne Ki Awaz Sunte Hi Uske Mummy Papa Aur Ghar Ke Naukar Use Rokne Ke Liye Aaye, Par Tab Tak Wo Kamre Ka Kaafi Saara Saamaan Tod Chika Tha. Akash Ko Aisa Dekhkar Ghar Ke Sabhi Log Hakke-Bakke The, Unhe Samajh Nhi Araha Tha Ki Akash Aisa Kyun Kar Rha Tha.

Akash Ko Do Logon Ne Zor Se Pakadne Ke Baad Bhi Itni Taakat Thi Ki Akash Ke Papa Ko Bhi Use Pakadna Pada. Jab Ghar Waalon Ko Laga Ki Akash Teen Logon Ko Bhi Nhin Sambhall Paa Raha Hai, Aakhir Me Ambulance Ko Bulana Hi Pada.

Ambulance Ko Aane Me Takreeban 20 Minute Lage. Aur In 20 Minute Me Akash Ne Apne Ghar Ke Naukron Ke Chehre Par Aur Apne Papa Ke Gale Par Nakhunon Ke Kayi Ghaaw Diye The. Ek Baar Phir Doctors Ne Akash Par Kayi Scans Aur Tests Kiye, Par Unhe Kuch Samajh Nhi Aaraha Tha, Ki Akash Ke Bimari Ki Asli Wajah Kya Thi. Kuch Der Baad Akash Ke Case Ko Psychatrist Lo Diya Gaya.

Akash Ki Halat Ke Khabar Sunte Hi Uska Dost Ujjwl Aur Swamy Pahunch Chuke The Aur Tabhi Ujjwakl Ne Bataya Aunty Hum Din Me Farm House Me Hi The Phir

Hamara Rahatghad Waterfall Jane Ka Plan Bana. Shaam Tak Hum Log Waterfall Me Masti Kar Rahe The, Aur Kuch Der Ke Liye Humne Qile Par Photography Ki Phir Seedha Ghar Aagaye, Iske Alawa Humne Aur Kuch Nhi Kiya.

Qile Ka Nam Sunte Hi Naukar Swamy Ujjwal Par Jhunjhula Gaya Aur Usne Turant Kaha "Kya, Qile Par Gaye The Maine Mana Kiya Tha Na". Swamy Ne Akash Ke Mummy Ko Kaha "Madam Akash Baba Ab Bahut Badi Mushkil Me Hai, Mujhe Jald Se Jald Kisi Ko Yahan Bulana Padega Warna Bahut Der Hojayegi". Itna Kehkar Swamy Wahan Se Daudta Hua Nikal Gaya, Aur Swamy Ki Baat Sunkar Baaki Saaron Ke Chehron Ka Rang Ud Gaya.

Ab Akash Kis Musibat Me Hai Ye To Kisi Ko Pata Nhi Tha Lekin Swamy Ki Baaton Se Sabko Andaaza Ho Gaya Tha Ke Mamala Kuch Aur Hi Hai.

Ab Akash Ke Saath Aage Kya Hua Jaane Ke Liye Padiya Rahatghad Qile Ka Agla Episode.

Hospital Ka Hadsa

Pichle Episode Me Humne Suna Ki, Ghar Ke Naukar Swamy Ko Jaise Hi Pata Chala Ki, Akash Ki Bigadti Halat Ki Wajah Rahatghad Ka Wo Purana Qila Hai. To Uske Haath Pair Darr Se Thande Pad Gaye. Aur Wo Samajh Gaya Ki Aane Waali Pareshaani Usse Bhi Badi Ho Sakti Hai.

Do Din Aur Ho Chuke The, Aur Akash Ki Halat Aur Bigadti Jaa Rahi Thi. Par Kisi Ko Ye Samajh Nhi Aaraha Tha Ki Wo Baar Baar "Mere Kamre Se Chale Jao, Mere Kamre Se Chale Jao" Kyun Bol Raha Tha. Aur Kayi Baar Akash Hospital Ke Kamre Me Bhi Darte Hue, "Door Raho Mujhse, Door Raho Mujhse" Bolkar Zor-Zor Se Cheekh Raha Tha.

Akash Ko Belt Se Baandhe Rakhne Ki Wajah Se Uske Haath Pairon Me Jagah Jagah Par Kayi Saare Zakhm Ho Gaye The. Tabhi Akash Ke Ghar Ke Panditji Use Dekhne Ke Liye Hospital Aaye, Aur Panditji Ne Jaise Hi Aakash Ki Halat Ko Dekha, To Wo Ghabra Gaye Aur Turant Hi Unhono Ne Paas Khade Hue Akash Ke Mummy Papa Se Kaha "Akash Ki Halat To Nazuk Hai, Pooja Turant Karni Padegi". Raat Ho Chuki Thi Aur Hospital Ke Charo Taraf Ek Ajeeb Sa Sannata Tha, Us Sannate Ke Beech Akash Ki Zordaar Cheekhen Sabko Aur Bhi Zyaada Dara Rahi Thi. Kuch Hi Der Baad Panditji Ne Mantaron Ka Jaap Shuru Kardiya Aur Lagatar Akash Par Apne Saath Laaye Hue Pavitr Jal Ke Cheete Marne Lage. Pavitr Jal Ki Har Ek Boond Akash

Par Girte Hi Akash Ko Aur Bhi Gussa Dilati Jaa Rahi Thi. Panditji Ne Takreeban 15 Minute Tak Bina Ruke Mantron Ka Upcharan Kiya. Aur Phir Wo Hua Jo Kisine Nahi Socha Tha. Akash Me Najaane Achanak Itni Taaqat Kahan Se Aa Gayi Ki Usne Apne Haath Pairon Ko Bistar Ke Mazbut Belton Ko Todkar Aazad Karliya Aur Panditji Par Hamla Kar Diya.

Panditji Ke Haath Se Akash Ke Katne Ki Wajah Se Kafi Saara Khoon Behna Shuru Ho Gaya. Par Usse Bhi Buri Khabar Tab Aayi, Jab Akash Hospital Se Bahar Bhagne Laga, Aur Bhaagte Hue Akash Ne Hospital Ke Garden Se Ek Nukila Patthar Uthaya Aur Usse Apni Dono Aankhein Phodli. Doctors Bhi Pehli Baar Aisa Case Dekhkar Ghabra Gaye, Aur Akash Ki Ankhon Se Behta Khoon Dekhkar Aur Bhi Zyada Darr Rahe The. Akash Ki Aankhon Se Lagatar Khoon Behraha Tha Aur Wo Chillaye Jaa Arha Tha "Door Raho Mujhse, Door Raho Mujhse".

To Doston Kya Akash Thik Ho Paayega, Ya Pret Aatmayen Akash Ki Jaan Lekar Hi Rahegi. Ye Jaanne Ke Liye Dekhiye Rahatghad Qile Ka Agla Episode.

Ved Prakash Ka Upay

To Doston Pichle Episode Me Humne Dekha Ki, Kis Tarah Akash Ne Bed Ki Belt Ko Tod Kar Hospital Se Bhaagte Hue Apne Aankhon Ko Nukile Patthar Se Phodliya. Aaiye Jaante Hai Aage Kya Hua.

Agle Din Swamy Ghar Aaya Aur Usne Akash Ke Mummy Se Kaha, "Madam Humne Aapse Kaha Tha Na Ki, Akash Baba Ka Case Aam Nhi Hai Hamare Aane Tak Kisi Ko Mat Bulaiyega, Humne Ved Prakash Ji Ko Bulaya Hai Unke Aane Tak Kisi Ko Kuch Mat Boliyega". Swamy Aur Mummy Ki Baat Chal Hi Rahi Thi Ki, Ghar Ki Ghanti Baji, Darwaza Khola To Samne Ved Prakash Ji Khade The. Akash Ki Mummy Ne Ved Prakash Ji Ko Shuruvaat Se Purane Qile Ki Ghatna Se Lekar Aankhein Phodne Tak Ki Saari Baatein Bataayi. Ved Prakash Ji Ne Turant Apne Saath Laaye Chote Suitcase Ke Andar Se Ek Dairy Nikali Aur Yesab Baatein Note Karne Lage. Akash Ki Mummy Ne Ved Prakash Ji Ko Bataya Ke, "Akash, Pehle Din Se Hi Mere Kamre Se Chale Jao, Mere Kamre Se Chale Jao Cheekh Raha Hai". Ye Baat Sunkar Ved Prakash Ji Ne Fauran Akash Ka Kamra Dekhne Ki Baat Kahi.

Kaafi Dhyaan Se Wo Kamre Ki Har Cheez Ko Dekh Rahe The Ki, Tabhi Unhe Ehsaas Hua Ki Koi Unke Peeche Saath Saath Koi Chal Raha Ho. Jaise Hi Ved Prakash Ji Ne Peeche Palat Kar Dekha To Deewaar Ke Kone Me Ek Budhi Darawni Aurat Aur Uske Saath Do Chote Chote Bacche Dikhaye Diye. Jo Inhe Dekhkar

Agle Hi Pal Gayab Bhi Hogye. Ved Prakash Ji Turant Kamre Ke Baahar Aate Hi Akash Ki Mummy Ko Kaha "Akash Ko Thik Karna Hai To Use Is Kamre Me Wapas Lana Hoga, Aur Mujhe Akash Ki Kuch Cheeze Chahiye Jo Uske Khudke Ho, Jaise Uska Koi Bag, Football Ya Kuch Bhi Jo Wo Zyaada Istemal Karta Ho". Itna Sunte Hi Akash Ki Mummy Ne Ved Prakash Ji Ke Saamne Akash Ki Wo Saari Cheezein Rakhdi, Jinka Wo Zyaada Se Zyaada Istemal Karta Tha. Ved Prakash Ji Ke Saamne Akash Ka Football, Guitar, Laptop, Mobile Aur Uska Camera Tha. Ved Prakash Ji Ek Ek Karke Saari Cheezon Ko Dekh Rahe The, Phir Ekdum Se Unki Nazar Camera Par Gayi. Unhone Camera On Kiya To Unhe Wo Saari Tasveere Dikhayi Di, Jo Akash Aur Uske Dost Rahatghad Qile Par Click Karke Aaye The. Ved Prakash Ji Ne Ek Ek Tasveer Ko Dhyan Se Dekha, To Dekhte Hi Reh Gaye Aur Phir Unhone Gharwalon Ko Uske Baare Me Bataya. Ved Prakash Ji Ne Kaha "Bahut Dhyaan Se Dekgiye Is Tasveer Ko Bilkul Akash Ke Peeche Teen Dhundli Dhundli Parchhaiyan Dikhengi Aapko, Akash Ne Inhi Teeno Ko Dekha Tha Aur Yahi Akash Ki Halat I Wajaha Hai, Aur Dekhiye Akash Ke Haathon Me Ek Choti Si Gudiya Bhi Hai, Ho Na Ho Ye Kisi Tantrik Ki Gudiya Thi Jise Akash Ne Purane Qile Se Galti Se Uyha Liya".

Ved Prakash Ki Baat Sunte Hi Akash Ko Jald Jald Hospital Se Ghar Laaya Gaya. Ab Uss Kamre Me Sirf Akash, Jisko Neend Ka Injection Diya Tha Aur Ved Prakash Ji The. Kamre Ki Lights Off Karte Hi Prakash Ji Ne Suitcase Se 10 Chote Chote Diye Nikaale, Aur

Aakash Ke Bistar Ke Chaaro Taraf Jalakar Rakhdiya. Ved Prakash Ji Akash Ke Bilkul Nazdeek Khade The Aur Mantron Ko Padte Jaa Rahe The. Tabhi Kuch Der Baad Diye Ki Roshni Me Deewar Par Usi Budhi Darawni Aurat Aur Do Baachon Ki Parchaaiyan Padne Lagi. Wo Teeno Aatmaye Ab Saaf Saaf Dikhne Lagi Thi Aur Aakash Neend Me Hone Ke Baad Bhi Bol Raha Tha "Mujhse Door Raho, Mere Kamre Se Chale Jao, Mere Kamre Se Chale Jao" Ved Praksh Ji Ne Apni Jeb Se Ek Lamba Sa Dhaaga Nikala. Dhaage Ko Beech Se Kaatkar Ek Maala Banakar Unhone Akash Ke Gale Me Dal Diya. Aur Ek Maala Kaatkar Unhone Akash Ke Dono Haathon Me Aur Dono Pairon Me Baandh Diya. Pret Aatmaon Ka Chehra Ab Deewar Par Saaf Saaf Dikh Raha Tha, Jo Ved Prakash Ji Ko Gusse Me Dekh Rahe The. Mantron Ka Upcharan Karte Hue Ved Prakash Ji Ne Apne Haath Me Akash Ka Guitar Uyhaya Aur Uspar Pooja Ka Ek Dhaaga Bandh Diya Aur Phir Use Akash Ke Seene Par Rakh Diya. Guitar Seene Par Rakhte Hi Akash Itni Zor Se Chillaya Jaise Ki Uski Jaan Hi Nikal Gayi Ho. Ye Zordaar Cheekh Sunte Hi Saare Log Ghabrakar Ghar Ke Andar Bhaage Jaise Hi Logon Ne Akash Ke Kamre Ka Darwaza Khola To Unhone Dekha Ki Ved Prakash Ji Zameen Par Gire Hue The Aur Unke Chehre Par Akash Ke Nakhuno Ke Nishaan The. Aur Unse Kuch Hi Door Bistar Ke Neeche Akash Ulta Zammen Par Pada Hua Tha. Ved Prakash Ji Ko Dekhte Hi Sabke Chehre Par Khauf Aagaya. Par Ved Prakash Ji Muskuraye, Aur Unhone Kaha "Akash Ab Surakshit Hai Aur Jo Aatmaaye Gudiya Se Nikal Kar Akash Me Aa Gayi Thi Unko Maine Is Guitar Me Khaid Kar Liya Hai Iss Guitar Ko Aap Kisi

Aisi Jagah Dafan Karwa Dijiye Jahan Se Isko Koi Na Nikal Paaye".

Akash Ke Aankhon Ki Roshni To Wapas Nhi Aa Paayi Par Uski Zindagi Zarur Bach Gayi. Do Saal Ho Chuke Aur Akash Pehle Ki Tarah Ab Ek Normal Zindagi Jeene Ki Koshish Kar Raha Hai. Par Jab Jab Uske Saath Hue Haadse Ki Yaad Aati Hai To Wo Ghabra Jaata Hai. To Ye Kahani Ab Yahin Khatam Hoti Hai.

www.ingramcontent.com/pod-product-compliance
Lightning Source LLC
Chambersburg PA
CBHW051429250726
48655CB00003B/1322